孔融

中国历史名人传【少年英雄】

张 玮 / 著
景军山 / 图

湖南少年儿童出版社

目 录

✦ 孔融/1

✦ 孔融让梨/3

✦ 妙穿九曲珠/17

✦ 巧见李膺/32

✦ 一门争死/63

✦ 激怒曹操/99

✦ 覆巢无完卵/116

孔融

孔融，字文举，出生在鲁国（今山东曲阜），生活在东汉末年。孔融的家世显赫，是孔子第二十世孙。他从小就聪慧好学，表现出超人的才华；长大之后，成为当时著名的文学家。

孔融曾先后担任北海相、少府，因此人们又称他孔北海、孔少府。他是个

博学多才的人，非常受人尊敬，是东汉时著名的"建安七子"之一。

　　孔融虽以礼让闻名，但他个性刚强，不畏权贵，言辞直率，针砭时弊。最后，他因为多次得罪曹操，于公元208年被杀害，享年五十六岁，成为中国历史上又一个悲剧人物。

孔融让梨

孔融出生于孔子世家,他的家族在社会上拥有很高的地位和名望。由于是孔子的后人,他们受到人们广泛的尊敬。他的很多先祖都曾经在朝廷做官,例如他的先祖孔霸就曾经是汉元帝的老师。

孔融的父亲叫孔宙,共有七个儿子,

孔融排行第六。

在这个重视传统文化的大家庭里,孔融自幼年时就受到儒家思想的熏陶,明白了什么是礼让,什么是仁义。

有一年,在花好月圆的八月十五这一天,孔府上上下下忙着张灯结彩,仆人们进进出出,一刻也不得闲地为晚上的赏月做准备。

孔融快乐地在院子里跑来跑去,看着放在地上还没有挂起来的几个灯笼,他瞧瞧这个,摸摸那个,觉得每个都很有意思。

这是他第一次看到这么多的灯笼。

以前他太小,大人们宠他,总是怕他磕着、碰着,所以,家里有事情的时候,总是让奶妈把他抱进房里,然后早

孔融让梨

早地就哄他上床睡觉。现在他四岁了,可以同家人一起赏月。他高兴极了,觉得自己像个大人。

"哎哟!"孔融想得正得意,没留心看路,一不小心撞上了一个人。他连忙抬起头来向那人说:"对不起!"

一看,原来是自己的大哥孔褒。孔褒看着年幼的六弟笑了起来:"你怎么这么高兴呀?跑来跑去的,小心别被父亲看见,他会说你的。"

"大哥,你看这个灯笼好看吗?上面画着很多小鸟呢!你看那个灯笼有意思吧,好像还会动呢!"孔融兴奋地向大哥述说着。

孔褒伸手揉了揉他的头发说:"你知道吗?到了晚上,他们会把这些灯沿着湖边挂起来,把整个湖面都映照得亮亮的,那才好看呢!"孔褒向弟弟描绘着团圆夜的美景。

"是吗?我真想马上就看到!希望月亮马上升起来。"孔融的一双大眼睛因为期望而闪闪发亮。

"你呀,到底还是个小孩子。八月十五这一天最重要的意义在于它是一个团圆的日子。我们应该在这个日子里和家人团聚在一起,关心家人,同时也享受家人对我们的关心。"孔褒宠爱地瞧了瞧弟弟,就忙着办自己的事情去了。

天很快就暗下来。微风滤去了白天燥热的气息,带着丝丝凉意吹拂着人们

的脸颊。

庭院中鲜艳的小花和娇嫩的小草,并没有被即将到来的秋寒吓走,依然不慌不忙地向人们展示着它们的美丽。

孔家的人就在这中秋之夜,围坐在庭院里的小湖边,一边吃着月饼,一边赏着花灯,感受着节日的温馨。

"阿嚏!"一阵凉风吹过,孔融打了一个喷嚏。

远处,孔融的母亲听到儿子的喷嚏声,向这边望了过来。只见她低声对身边的婢女说了几句话,不一会儿,婢女就拿着一件外套走了过来,递给夫人。

当母亲温柔地把外套披在孔融的身上时,孔融觉得暖和极了,连心里都是热的。

一只只花灯点亮了,孔融被这些花灯所吸引,一双眼睛睁得大大的。整个

湖面也跟着花灯亮了起来，湖边也是灯，湖中也是灯。不仅是湖面，整个孔府、整个天空都亮了起来。所有人仿佛进入了一个光彩夺目的世界，一个没有黑暗的世界，一个温暖的世界。

正在这个时候，外面忽然热闹了起来，原来一些宗族长老也来了，他们很多都是孔融父亲的长辈。老人们一边往府里走，一边嘴里念叨着："附近就属你们这儿的花灯最好看了，我们也来瞧瞧，顺便看看孩子们。"

大人们一边看着灯，一边讲着灯上

所画的典故，看完以后就都坐下来随意地闲聊。而孩子们则依旧兴高采烈地看花灯。孔融被这个景象迷住了，他看看这个，看看那个，忙得不亦乐乎。

这时，一个仆人走了过来，他的手里端着一个托盘，盘里面放着几个大鸭梨。这些梨黄澄澄的，让人看了忍不住想咬一口。

仆人把托盘直接端到孔宙面前，"老爷，请用水果。"

孔宙看了看梨，说："先让孩子们吃吧！"

仆人又把梨端到孔褒的面前。

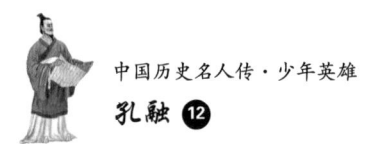

孔褒看了看梨，微笑着说："拿给六弟先挑吧！七弟太小，还不能参加这个聚会，六弟就是这里最小的一个了，我们做哥哥的应该让着他。六弟，你过来。"孔褒大声叫着还沉迷在花灯中的孔融。

"什么事？"孔融听见大哥叫他，只好依依不舍地离开了花灯的世界。他还没看够呢！

"来，这些梨很好吃，你先挑一个你喜欢的。"孔褒笑眯眯地对自己的弟弟说。

仆人赶紧把梨端到了孔融的面前。

孔融看看这些梨，毫不犹豫地从中挑了一个最小的，"我就要这个了。"他把梨放到嘴里一尝，甜甜的，还带着

孔融让梨

一点儿酸涩。

大人们看着孔融这个举动，不免有些吃惊。大家你看看我，我看看你，都没想到孔融会选了一个最小的。

还是孔宙首先打破沉默，道出自己的疑问："融儿，大家因为你小才都让着你，让你先挑，你怎么反倒给自己拿了个最小的梨呢？"

"父亲，我知道大家都让着我，让我先挑。可我既然是最小的，那么我的胃口也最小，自然就应该拿最小的。哥哥们比我大，胃口也就比我大，他们才应该吃大的。"孔融看着父亲轻声地说。

听到孔融的回答，孔宙先是一愣，接着就会心地笑了起来，心里不禁为儿子的谦让懂事而高兴。但是，他又故意

问道:"可是,你还有一个小弟弟,你为什么不把最小的一个梨留给他呢?"

"父亲,我年纪比他大,哥哥理应让着弟弟。我的哥哥们不也都让着我吗?所以,我要把大个的梨留给弟弟吃!"孔融看着父亲,依然轻声地回答。

"好!"孔宙听到孔融的回答,感到十分欣慰。没想到一个四岁的孩子就这么明白事理,他忍不住大声地夸奖起

自己的儿子。

同时,在周围就座赏灯的其他宗族长老们,看到了这一幕也都感到十分高兴,大伙儿纷纷称赞孔融道:"真不愧是我们孔家的子孙。"

"小小年纪就懂得谦让,不枉我们平日的教导啊,将来一定能把圣人的思想发扬光大。"

后来,宗族的长老们还决定,把孔融四岁时让梨的故事写进孔家的家传,让后人仿效。

妙穿九曲珠

转眼间,孔融又长大了一岁。在这一年里,他认识了很多字,也结识了很多好朋友。

这一天,他和同伴们像往常一样到

小河边的沙地上玩耍。阳光洒在河面上，映得河水波光粼粼，反射出耀眼的光芒。

"嘿！你们看，我发现了什么？"二牛忽然从沙地上站了起来，手里拿着一个圆圆的小白球，小球发出比河水更加闪亮的光芒。

"我瞧瞧。"

"让我看看。"

一个个小脑袋凑了过来，争先恐后地抢着小球。孔融也夹在其中，好奇地看着小球。只见二牛的小胖手紧紧抓着小球，足有拳头那么大。

"好漂亮呀！"

"好大、好圆

的珠子呀!"

大家看着小球,发出声声感叹。

"这到底是干什么用的呢?"

"从哪儿来的呀?"

"这是谁的呢?"

大家七嘴八舌地发出自己的疑问,可是没有人能给他们答案。

忽然,一个小男孩一把从二牛手中抢走了小圆球,嚷嚷着:"从现在开始,这个小珠子就是我的了。"

"不,是我找到的,还给我。"

二牛不甘心地在后面追赶着。

"我要。"

"我也要。"

其他的小朋友也纷纷加入了抢夺的行列。

孔融在一旁看得很着急,大声嚷道:"大家别抢!别打了!"

可是没有一个人听他的话。

这时,孔融的父亲孔宙听见吵闹的声音,赶紧走了过来,呵斥住抢成一团的孩子们。

"发生什么事了?"孔宙慈祥地询问孔融。

"二牛在地上发现一颗很亮、很大的白珠子,不知是谁丢的,他们都想要,就抢了起来,我也劝不了他们。"孔融眨着清澈的大眼睛望着父亲。

"我瞧瞧。"孔宙向一个小男孩伸出了手。小男孩只好将珠子拿了出来,

妙穿九曲珠

放在他厚厚的手掌上。

"这是什么呢?"孔宙一边念叨着,一边仔细观察着珠子。他发现珠子上面有两个对称的小孔,想是用来穿绳子的。可是,当他将珠子对着太阳光时,却发现两个小孔之间并不透光,无法从一边的小孔望到另一边的小孔。

"咦!奇怪呀,难道两个小孔之间并不相通?"孔宙喃喃地发出自己的疑问。忽然,他脑中灵光一闪,想起了什么。

他看看仰望着他的一张张小脸儿,笑眯眯地说:"这个珠子叫九曲珠。它不同于普通的珠子,普通的珠子里面用来穿绳

子的线道是直直的,可是这个珠子里面的线道转了九个弯,所以叫九曲珠。它是很久以前一位诸侯王送给孔家先人的礼物,可惜后来因为发生了变故而丢失了,没想到今天被你们发现了。"

孩子们听孔宙这么一说,脸上都露出了失望的神情,看来谁也不能得到它了。

孔宙看见了,捻着胡子想了一会儿,开口说道:"不过,这个珠子已经丢失了上百年,早已失去了它原本应有的价值。今天,你们谁能用绳子把它穿起来,谁就是它的新主人了。"

孔宙的话惹来一片欢呼声。大伙儿纷纷跑去找绳子,都想试试自己能不能把这转了九个弯的珠子穿起来。

不一会儿,孩子们都回来了。二牛先拿起自己带来的丝线,往小孔里伸了又伸,发现丝线虽然够细,但是太软了,一个弯都穿不过去。

"你这个不行,得用硬线。"另一个小男孩找来一根麻线,可是仍然无法穿过珠子。别的小朋友也不甘心,试图用各自的线绳穿过珠子，可都没有成功。

孔宙看看垂头丧气的孩子们，又转过头来看孔融，说："你不试试吗？"

孔融为难地看着父亲手里的珠子，轻声说："我没办法。"

"那好，我先替你们收着珠子，谁想出办法了再来找我。"孔宙收起了珠子，不慌不忙地走了。别的孩子看看天色已晚，也各自回家了。

孔融见大家都走了，心情十分沮丧。他慢慢走到一棵大树下坐了下来，双手托着脸颊，脑子里仍在盘算着穿珠子的办法。

这时，他看见树干上有一只小蚂蚁在忙碌地搬运食物，就对着小蚂蚁说："为什么我想不出一个办法来呢？当年先人们是用什么办法将绳子穿过九曲珠的呢？"

可是，小蚂蚁怎么会理人呢，它大摇大摆地钻进一个小树洞里去了。

孔融感叹说："我要是小蚂蚁就好

了,那就可以钻到九曲珠里面,带着绳子穿过去。"

话一出口,孔融突然灵光一闪,高兴得跳了起来,"对!就这么办。"

第二天一早,孔融就跑去找父亲要那颗九曲珠。

"怎么,想出办法来了?"孔宙疼爱地看着孔融。

"是呀。"孔融兴奋得小脸发出了红光。

"好,我倒要看看了。"孔宙边说边拿出了九曲珠。孔融接过九曲珠,随后忙了起来。他先在花园里抓了一

只比较大的蚂蚁，然后拿出丝线，想用线套住小蚂蚁。可是，小蚂蚁怎么也不听话，不肯乖乖地被拴住。

站在一旁的孔宙明白了孔融的用意，走过来说："我帮你捏住小蚂蚁，你好在它身上系绳子。"

"好啊，不过你可要轻一点儿，别把它捏死了。"

在父亲的协助下，孔融终于把丝线系在了小蚂蚁的身上。他迫不及待地将小蚂蚁放入九曲珠的孔里。可是，小蚂蚁却没有如他所期望的那样，从另一个孔里钻出来，而是很快又

妙穿九曲珠

从原路返回了。

这是怎么回事?孔融疑惑地望着父亲。

孔宙只是笑笑,说道:"你还得自己想办法!"

"哦,有了。"

孔融欢天喜地地跑开了。过了一会儿,他拿来一罐蜂蜜。他轻轻地将蜂蜜涂在九曲珠的一个小孔边上,然后,将系了丝线的小蚂蚁从另一个小孔放入。

一眨眼的工夫,小蚂蚁就从另一端的小孔爬了出来,匆忙地吸吮着蜂蜜,而丝线还系在它的身上。

孔融将丝线从小蚂蚁身上解了下来,与另一头的丝线打成一个结,递给了父亲。孔宙与孔融都会心地笑了起来。

父亲拍了拍孔融的头,微笑着说:"你做得很好。今后,无论你面对多么困难的问题,只要能像这次一样,独立思考,多想方法,就一定能成功地解决问题。这个九曲珠就是我对你的奖励。"

巧见李膺

"少爷,少爷,大消息!"孔融的小书童蹦蹦跳跳地跑进书房,大声向正在读书的孔融报告说。

"怎么了?你慢慢说。"孔融从书本中抬起头,向小书童笑了笑。

"少爷,我刚听说老爷马上要去一趟京城(今河南洛阳)。"小书童凑在孔融的耳边,神秘地说出自己打听来的消息。

"真的?"孔融听完小书童的话,一下子从榻上蹦了起来。"太好了!我要让父亲把我也带上。我都十岁了,还没去过京城呢!我听说京城里可热闹了,有很多好玩的、好吃的东西,我要去京城见见世面。"

"可是,少爷,老爷是去办正事,怎么会带着您呢?"小书童说出自己的顾虑。

"放心,我一定能说服父亲答应的。"孔融拍着小胸脯,自信满满地说。

说完,孔融就匆匆忙忙地跑去找他的父亲孔宙了。很快他就在厅堂里找到了父亲,便赶紧整理一下自己的衣服,走了过去。

"父亲,听说您有事要去京城一趟。路途遥远,您可要多加注意身体呀!要不要我跟在您身边照顾您呀?"孔融笑嘻嘻

地看着父亲,提出了自己的建议。

听孔融这么一说,孔宙哈哈大笑起来:"别给自己找借口了,我看你是想跟我进京吧!我是你父亲,你心里想什么我还不知道吗?"

孔融一下子不好意思起来:"是的,父亲,我是想和您一起进京。我都十岁了,想去京城见见世面。听说,京城里……"

"不成!"孔宙打断了孔融的话,拒绝了他的要求,"京城里卧虎藏龙,不是高官显贵,就是文人才俊。你一个小孩子,什么规矩都不懂,怎么能去呢?弄不好,自己丢人还是小事,万一得罪了别人,惹来什么祸端,那才是大事。我看你呀,还是待在家里乖乖地读书吧!"

"可是,父亲,正是因为这样我才更应该去呀!京城里有很多来自不同地方的有学问之人,我去了就可以结识他们,可以从他们身上学到很多东西,

这些都是书上没有的。经过他们的指点，我在学问上肯定会有长进，说不定还比自己一个人在家读死书进步得更快呢！"孔融仍然不死心，还想说服父亲。

"你以为你的学问已经很好了吗？好到有资格接受高人的指点了吗？你怎么知道那些饱学之士愿意见你呢？你可能连他们的面都见不到呢！"

听了孔融的话，孔宙虽然有些心动，但是想了一想，还是没有答应。

他顾虑的是，京城里的饱学之人都是很忙碌的，他们怎么会理睬一个十岁的小

孩呢？在他看来，孔融进京多半是为了去看看热闹。如果是这样，不仅耽误了时间，又荒废了学业，还不如把孔融留在家里呢！

"父亲，您放心，我知道我的学问还差得很多，但是，我一定能让他们喜欢我，欣赏我的。"孔融仍然是一副非常自信的样子。

看孔融如此自信，孔宙在心里暗想：让他去京城碰碰壁，知道知道自己的分量，也是一件好事。再说，万一真能被有名的学士欣赏，受到他们的点拨，不也是一件好事吗？想到这里，孔宙忽然有了主意,他微微笑了起来。

"好,我就答应带你去京城。但是,你别得意得太早,我有一个条件:你必须设法拜见李膺李大人,并且得到他的赏识。"

"就是那个不畏权贵,刚正不阿,大家都称赞不已的大名士李膺吗?"

"正是。"

"可是,我听说他这个人深居简出,从不随便接待宾客,不是世交子弟或当世名人,是进不了他的家门的。"

"没错,就是他。士人若能被他接纳,称为'登龙门'。我就是要看看你有没有'登龙门'的本事。怎么,你害怕了?要是怕了,就别去京城了,给我乖乖地在家里念书。"

巧见李膺

"没有,我才不会怕呢!我说去,就一定要去。"

"好,你如果没有机会'登龙门',那回来以后……"

"那回来以后,我就在家里闭门读书,直到您认为我的学问可以了,我才出门!"孔融急切地向父亲保证道。

"好!那就这么说定了,你现在赶紧去准备准备,咱们明天一早就出发。"孔宙拍了拍儿子瘦小的肩膀,大声地说道。

第二天,天还没亮,孔融和他的父亲就坐着马车向京城出发

了。早晨的风凉凉的,吹走了孔融最后一丝困意。他们走了好远的路以后,太阳才渐渐露出脸来。孔融遥望着远处的泰山,泰山在阳光的笼罩下,云蒸霞蔚,美不胜收。他知道在泰山保护下的那片美丽土地,就是他的家乡。

转眼间,第一次出门的欣喜就取代了第一次离家的哀愁,孔融很快融入了新的天地之中。他看什么都那么的新奇,就连早已看惯了的小草、小花、小鸟,都被他赋予了新意。一路上,他总是忙碌地用他的大眼睛看着这个新奇的世界,仿佛总也看不够。

几天之后,他们终于来到了京城。

这一天,孔融早早就起床了,在父亲出门之后,他也走出了客栈的大门。

他要按照和父亲的约定去拜见李膺。

一路上,他对周围的事物视而不见,只想着如何才能见到李膺。

其实对于能否见到李膺,孔融并没有太大的把握。他知道自己只是个十岁的孩子,京城里根本没有人认识他,像李膺那样的大人物怎么可能会见他呢?

但是,想到和父亲的约定,他就暗暗鼓励自己,一定要见到李膺,不能自己打退堂鼓。

更何况，李膺是那么出名的大人物，他那么有修养，那么有学识，能够见到他是多么令人兴奋的事呀！就算没有和父亲约定，来到京城也应该拜见像李膺这样的名士，听听他的教诲呀！

孔融边给自己打气，边坚定地向前

走。走了好久,才走到李膺的家门前。他在门前站定,调匀了自己急促的呼吸,整理好自己的衣帽,然后,他抬头仰望着李膺家的大门。

这个看来普普通通的门板,没有任何华美的装饰,却透出一股威严,这就是李膺的家吗?果然符合了传闻中李膺的风格,朴实而稳重。可是,要如何才能走进这扇普通而沉重的大门呢?

这时,李膺家看门的仆人看见孔融,向他走了过来,问道:"小孩儿,你站在这儿干什么呢?赶紧到别处

玩去。"

孔融连忙答话说:"您误会了,我是来拜见李膺李大人的。麻烦您为我通报一声,说山东孔融拜见大人。"

"孔融?没听说过。你不知道我们府里的规矩吗?只有老爷的世交、亲戚,或是轰动一时的大人物才能拜见我家老爷。不要在这儿捣乱了,快点走吧!"说完,那个仆人转身走了进去,并关上大门。

孔融看着面前紧闭的大门,实在哭笑不得。

他在心里嘲笑自己:我事先想了很多种可能出现的

尴尬局面，却怎么也没想到，我连仆人这一关都过不去，他连为我通报一声都不肯。这么一来，别说拜见李膺站在他的面前了，连自己的名字都传不到他的耳朵里。

但是，如果我就这么回去，实在太丢人了。不行，我要想想办法，再试一次。再说，我是孔子的后人，绝不能做出让家门丢脸的事情。对了，有办法了！

想着想着，孔融忽然笑了起来，他相信这次他一定能成功。

太阳越升越高，来拜访李膺的人也渐渐多了起来。有些人被迎了进去，而更多的人被挡在门外。看到这种情况，孔融扬着头，大摇大摆地走到大门前。

"啪！啪！啪！"他使劲地拍打着粗重

巧见李膺

的门环。

很快地，就有人来开门了。走出门来的还是刚才那个仆人。"哟，怎么又是你？你这孩子，别再捣乱了，我家老爷不会见你的，快回去吧！"说完，他转身又要关门。

"请等一下。"孔融伸手拦住了他，然后，不慌不忙地说："麻烦你向你家老爷禀报，说李家世交子弟孔融，拜见李大人。"

"咦？"听孔融这么一说，仆人的脸上露出了怀疑的神色。"你可千万不要撒谎呀！我们家老爷最恨

别人撒谎了。你要是说了谎话,就算见到我们老爷,也不会有什么好结果的。"

"我说的是实话,我从不撒谎。"孔融不慌不忙地说。

仆人无奈,只好赶紧进屋去向李膺禀报。李膺此时正在厅堂内和朋友们在一起,他们谈论时事,评点文章,说得很开心。

看门的仆人不得不打断李膺的谈话说:"老爷,外面有一个叫孔融的孩子,自称是老爷世交的子弟,想求见您。"

"孔融?哪个世交子弟?"李膺捻着胡子,仔细地想着。可是,他怎么也想不出孔融是谁家的孩子。他看了看周围的朋友们,问道:"你们有没有人知道这是谁家的孩子?"

所有的人都摇着头,他们面面相觑,不知道孔融是什么人。其中一个人开口说道:"咱们认识的孔姓人家本来就不多,没听说谁家的孩子有叫孔融的啊!"

"对了,老爷,这个孩子是从山东

来的。"仆人想到了这一点，慌忙向李膺补充道。

"山东？那我就更不可能认识了。不会是小孩子为了见我，胡说的吧！你去把他叫进来，我要亲自问问他。若是他撒谎，我可要好好教训教训他。"李膺一脸严肃地说。

接到老爷的指示之后，这个看门的仆人就匆匆走开了。他对等在门口的孔融说："我家老爷说他不认识山东姓孔的人家。不过，老爷还是答应让你进来，他要亲自问你话。"

听了仆人的话，孔融浅浅一笑，心里明白他话中的意思。

"谢谢您了。麻烦您带路吧！"孔融仍然一副不慌不忙的样子。

走过长长的回廊,孔融走进了李膺的客厅。整间木质的厅堂古典而优雅,阳光穿过精雕细刻的窗户,洒满了房间,空气中散发着淡淡的茶香。厅中在座的有七八个人,坐在上座的是一位目光炯

炯、风度翩翩的老人,花白的头发,花白的胡须。孔融心中猜想,这位一定就是李膺了。

李膺也在打量着这个走进厅堂的少年:看年龄不过十来岁,一双聪慧的大眼睛正好奇地环视着四周。他站在门口,身后透进来的阳光衬托出他与生俱来的非凡气度。李膺在心里暗暗为这孩子叫了一声:"好!"

孔融先向李膺行礼问安,不卑不亢的态度,恰到好处的礼仪,令李膺在心中再次为这个少年喝彩。但是,李膺还是沉住气,缓缓地说:"你说你家和我

家是世交,你倒说说看,我们有什么关系呢?"

孔融沉着应答道:"我的祖先是孔子,而李大人您的祖先是老子(老子名叫李耳,因此孔融说老子是李膺的祖先)。大家都知道,孔子曾经向老子请教关于礼节的问题,他们俩因此结下了深厚的师生情谊。如此说来,我家和您家当然算得上是世交了。"

李膺对孔融的聪慧十分惊讶,他点了点头,说:"好!既然如此,那你就坐下来吧!"说完,李膺命仆人为孔

融安排座位,还送上了茶水和点心。

接着李膺故意问道:"你想吃东西吗?"

"想!"孔融脱口而出。

李膺早就料到孔融肯定会这么回答,因为他毕竟还是一个没有什么处世经验的孩子。于是他摆出一副长者的姿态,严厉地说:"你来见我,我就教教你做客人的礼节:像这个时候,你只能客气地推辞,不能告诉主人你想吃,更不能真的去吃。"李膺想以此给孔融一个下马威。

但是,孔融并没有被李膺吓住,反而针锋相对地说:"我也想告诉您做主人的礼节:像这个时候,主人只管摆上食物就可以了,不应该问客人吃不吃,更不应该管客人吃不吃。"

面对孔融的反驳,李膺非但没有生气,反而对孔融很佩服,他感叹道:"你将来一定能成大器。可惜我老了,离死已不远,无法看到你出人头地的那天。"

孔融接着说:"您不会死的。'人之将死,其言也善。'您刚才的话完全称不上'善',处处在刁难我。所以,依我的判断,您还没有到死的时候呢!"

李膺听到孔融的话,禁不住哈哈大笑起来。孔融的回答虽然尖刻,但是,李膺却不得不对他那初生牛犊不畏虎的

巧见李膺

气势表示钦佩。

在座宾客也纷纷称赞孔融,说他小小年纪就能随机应变,对答如流;面对别人的挑衅,不但不慌张,反而能够反唇相讥,妙语连珠。

这时,仆人向李膺禀报,太中大夫(古代的官职名)陈韪来拜见大人。李膺一听,赶紧命人把陈韪请进来。

陈韪一走进大厅,就看见众人正围着一个小孩子,并不停地夸赞他。陈韪觉得奇怪,连忙向李膺打听。

李膺就把刚才的对

答向陈韪重复了一遍,并问道:"你说,这个孩子是不是很聪明?我看他将来肯定能有所作为,做出一番大事业。"

陈韪却并不以为然,他撇了撇嘴,讥讽地说道:"小时了了,大未必佳。"

这一句话的意思是说:有些人在小时候有点儿小聪明,但这种人由于自以为比别人聪明,往往不肯用功读书,结果聪明反被聪明误,长大后反而并不优秀了!

后来,人们便引用这段故事中的这两句话,将"小时了了"作为成语,用来说明小孩子从小便生性聪明,懂得的事情非常多。

但因为下文有"大未必佳"一句,因此,这句成语的意思就变成:小时候虽然很聪明,可是,等他长大了却未必能够成材。

所以,表面上这是一句赞扬人的话,但是,骨子里却是讽刺人、侮辱人的。所以应用时要注意场合,不能用它来称赞别人,否则就会被误解,认为你故意轻视别人了。

陈韪的话使得在场的人都安静了下来，他们都把目光投向孔融，想看看他这次将如何应对。

孔融听了并没有生气，只是嘴里轻轻吐出了一句话："我想，这位大人小时候一定很聪明吧！"

孔融此言一出，语惊四座，众人不约而同地为他的妙答拍手，大声叫好。

而陈韪则站在一边,涨红了脸,半天说不出一句话来。在座所有宾客都为孔融的聪明机智所折服,为他应变的语言技巧拍案叫绝。

从此,神童孔融的名声四处传播,成为众人仰慕的对象。

一门争死

"父亲,该起来喝药了。"孔融把药碗端到父亲孔宙的床前。

孔融的母亲靠坐在床边,轻轻地把孔宙扶了起来,接过药匙,喂孔宙喝了口药。

可是,当她刚要再喂第二口的时候,孔宙突然一阵猛烈咳嗽,不但把刚才喂进去的药全吐了出来,还吐出了一口血。

见到此景,孔融的母亲忍不住掉下了眼泪。而围在孔宙床边的七个儿子,也都流露出悲哀的神色。

孔融实在不明白,一向身体硬朗的父亲怎么说病就病了呢?当初,父亲带他去京城的时候,身体还是那么强壮。怎么回来才几个月,父亲就一病不起。

中国历史名人传·少年英雄

孔融 64

而如今，甚至连药也吃不下去了呢？

过了一会儿，孔宙缓过气来，他睁开眼睛，看着站在他身旁的几个孩子，断断续续地说道："我想，我就快要离开你们大家了……我希望，以后，你们兄弟几个能团结一心，孝顺你们的母亲。孔褒，以后你就是一家之主了，要照顾弟弟们。你们其他人也要听大哥的话才行。"

孔宙一口气说完这么多话，就猛烈地喘起气来。见到这光景，孔融的心跌到了谷底，难道这是父亲最后的遗言？难道父亲真的要离开我们了吗？

"记住……你们要相亲相爱……"孔宙吐出最后几个字后，就永远地闭上了眼睛。

孔融兄弟几人一下子跪倒在父亲的床前，痛哭失声。

这一夜，天黑如墨，没有一丝星光。

对于孔家人来说，这一夜似乎永远没有尽头，永远也没有天亮的时候。这一天是汉桓帝延熹六年（公元163年）正月己未，孔融才十一岁。

光阴似箭，岁月如流，一晃眼，五年过去了。在这五年里，孔家发生了很大的变化。

孔融的大哥孔褒接替父亲的事业，在朝廷里谋到一个职位，一肩挑起了家计的重担。

而孔融也已经是一个十六岁的少年了，这几年来，他成熟了很多，也懂事了很多。他不但可以照顾自己，还能够分担大哥肩上的重担。在他的心目中，他把大哥当作父亲一样敬重。

秋天就要过去，冬天马上就要到来。寒风吹落了树上仅剩的几片叶子，枯黄的树叶在院子里随风起舞，一派肃杀的景象。

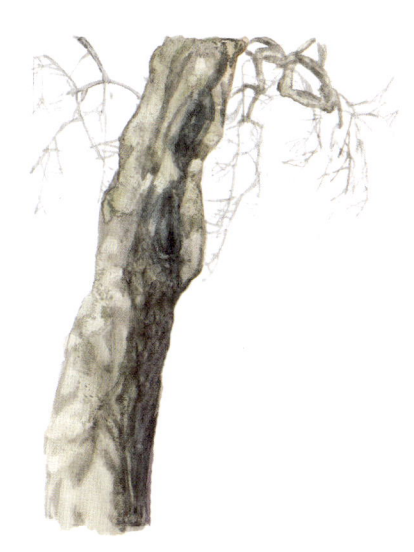

孔融被窗外的景色吸引，走出书房，看着院中飘零的落叶，心里默默地念着：父亲啊，一年又要过去了，求您保佑全家平平

安安。

孔融正在院子里想着心事,这时,匆忙走进来的仆人打断了他的思绪。

"六少爷,门外有一个年轻人,要拜见大少爷。"

"你没有告诉他大哥不在吗?"孔融微微皱起了眉头。

"说了,他听了这话后好像十分悲伤,站在咱们门口,到现在还没走呢!我们也不敢轰他走,不知道该怎么办。"仆人说道。

"哦?有这种事?我去看看他是谁。"孔融赶紧走到门口,去见那个年轻人。

他向那个人行了个礼,开口问道:"我是孔褒的六弟孔融,请问您……"

"我是你大哥的朋友张俭。"来人打断了孔融的话,自报家门,解除了孔融的疑问。

"张俭张大哥?"孔融暗自打

量来人。

他记得几年前曾经见过张俭一次。

那次见面时,张俭已经在山阳县做官,春风得意,一看就是个少年英雄的样子。

今日他怎么落魄得像一个乞丐?看他灰头土脸的,嘴唇干裂,皮肤晒得黑红黑红的;衣服穿得破破烂烂的,左脚的鞋上还有一个洞。如果不是他自我介绍,孔融肯定认不出站在他面前的这个人会是张俭。恐怕张俭遇到什么麻烦事了吧!

"张俭大哥,我哥恰巧出门去拜

访朋友，不在家。您就先进来坐坐吧！"孔融停止了打量，有礼地说道。

"他真的不在家呀，看来老天爷也不肯帮我了。"张俭悲痛地说。说完，他抬头看了看眼前这个十几岁的少年，说："既然你大哥不在家，那我就不打扰了，后会有期。"张俭转身就要离开。

孔融见他的神色不太对，知道他肯定是有了难事才来投靠大哥的，而大哥不在家的事实断绝了他的希望。

"张大哥，请您留步。"孔融叫住了张俭，"您是遇到什么难事了吧？可以跟我说说，或许我能帮您解决呢！"

张俭看看孔融，摇了摇头，说："你还小，很多事情你还不懂。"

孔融继续挽留他："张大哥是不想

告诉我实情，还是认为我做不了主呢？不管怎样，您是我哥哥的朋友，我哥哥不在家，我作为主人理应邀请您进来坐一坐，洗洗脸，换换衣裳，休息一下。难道连这您也要拒绝吗？"

既然孔融这样说，张俭也只好跟着孔融进来了。洗过脸，换过衣裳以后，张俭似乎恢复了一些往日的神采，但是眉宇之间依然隐藏着淡淡的疲倦和哀愁。

孔融命仆人准备好了晚饭，并邀请张俭一同用膳。

张俭见孔融这么盛情款待自己，觉得应该告诉孔融实情，以免连累孔家。他缓缓地说道："你知道吗？你对我这么好，其实是在窝藏一个朝廷的通

一门争死

缉犯。"

"什么?"听了张俭这话,孔融的脸上闪过一丝惊慌,但是他很快就平静了下来,略略思索了一下,坚定地说:"这其中肯定有什么隐情。您是我大哥的朋友,我相信您!"

张俭听孔融这么一说,心里很感动,他说:"难为你小小年纪就能明辨是非,为他人着想。我问问你,当今朝廷最大的问题是什么?"

"宦官专权!"孔融想也不想就脱口而出。

"是啊,看来你是同道中人,那我就跟你说实话吧!"

张俭叹了口气接着说:"我想你应该知道现在当朝掌权的是大宦官侯览。他长久以来结党营私,残害百姓,为所欲为,作恶多端。

"我实在看不过去了,就写了份奏章,想上呈给皇上,揭露侯览的罪行。可是,侯览一手遮天,奏章还没有递到皇上手中,就被他扣下来了。

"侯览于是对我恨之入骨,就开始设计陷害我,诬陷我和

同乡的二十四人相互勾结,危害朝廷社稷。"说到这儿,张俭说不下去了。

"这可是大逆不道的罪行呀!看来侯览是要置您于死地!"孔融感叹道。

"是啊!所以我才连夜出逃,想到这儿和你大哥商量一个对策。没想到你大哥竟然不在家,真是人算不如天算,看来这次是天要绝我呀!"张俭仰天长叹。

"张大哥,您不要太绝望。虽然我大哥不在家,难道我就不能替他做主,帮您做点儿什么吗?我看,您就先在我家住下来再说吧!"孔融做出了决定。

"你不知道,这件事关系重大,我会连累你们的。"张俭深怕拖累无辜,想要拒绝。"其实,你愿意收留我,让我换身衣服，吃顿好饭，稍事休整，我已经十分感动了，怎么可以住在这里呢？万一侯览的人来搜查，不仅是你，你们全家都会有生命危险的。"

"您放心,张大哥,我和我的家人都不是贪生怕死的人。其实,大家都非常痛恨侯览的所作所为,我十分敬佩您敢于和他斗争的勇气。再说,您是我大哥的好朋友,我们也应该帮助您。我想,要是我大哥在,他也会这么做的。如果我今天见死不救,那才是不仁不义呢!您就安心住在这儿吧!"孔融仍然坚持他的决定。

张俭此时已经到了走投无路的地步了,听到孔融的话,不禁感动得热泪盈眶。于是,张俭就藏身在孔家以躲避侯览的追捕。

日子一天天过去了,一切都平安无事。这一天,孔褒回来了。

"大哥,你总算回来了。出门在外一切都好吗?走了这么久,也不捎个信儿回家,真让人担心。"孔融一听说大哥回来了,就赶紧跑去迎接。

"你放心,我在外面挺好的。"孔褒洗了洗脸后,坐在桌边喝了口茶,问道:"家里一切都好吧?"

"一切都好着呢,就是……"孔融吞吞吐吐的样子引起了孔褒

的怀疑。

"怎么了?出什么事了?"孔褒赶忙道出自己的疑虑。

"没事!大哥你别着急。是你走后没几天,你的朋友张俭来了,想要见你。"

"张俭?"一听到这话,孔褒一下子站了起来。

"他来找我了吗?我听说他得罪了宦官侯览,现在各地都在追捕他。他来找我,肯定是来投靠我的。我怎么就没想到他会来找我,而偏在这个时候出门呢?张俭现在流落在外,四处逃亡,要是有什么三长两短,那我就太对不起朋友了。"孔褒还不知道孔融已经收留了张俭,急得不知如何是好,不停地埋怨着自己。

一门争死

孔融见状忙说:"大哥放心,我已经把他藏在咱们府中了。"

"真的?那我就放心了。我的好弟弟,你果然长大了。"孔褒长长地吐了一口气。

接着,他又想起了什么,忙问道:"张俭现在身份特殊,你没告诉别人吧?"

"当然不会说了。"孔融依然是一副胸有成竹的样子。

孔褒看着弟弟,非常欣慰,"看来,我可以放心让你出去做事了。对了,张俭的事,从现在起就交给我负责,你不要再插手了。万一发生什么事,你就假装什么都不知道,明白吗?"

"那怎么可以呢!这是我做的决定,我会对我自己做的事负责的。"孔融语气坚定,露出一人做事一人当的神情。

"六弟,你不知道啊,收留张俭是件非常危险的事情。如果被别人发现张俭在我们这里,我们是要被杀头的。所以,所有的事由我一个人来承担。只要你平安无事,我就安心了。我这是保护你呀!"孔褒苦口婆心地劝着自己的弟弟。

"万一……真有那么一天,你要帮着二哥承担起照顾母亲、照顾这个家的责任。你听明白了吗?"

"不行,大哥。自从父亲死后,在我心中,我就把你当父亲一样地爱戴。家里需要你,你是家里的顶梁柱呀!"说到动情之处,孔融的眼圈红了。

孔褒听了这话,也没办法再说下去了,只好安慰自己的弟弟说:"也许,我们能平安地渡过这次危机呢!咱们就不要杞人忧天了。"

孔融看着哥哥疲惫的身影,心里非常难过。他知道救助张俭是道义所在,他不会为自己所做的事情而后悔的。但是,这个决定是自己做出的,自己就应该承担相应的后果,怎么能够连累哥哥

呢?他在心里默默祈求老天爷保佑他们全家平安无事。

但是,事与愿违。这事不知怎么走漏了风声,几天后,衙门的捕快就出现在孔家门前。

"孔家的人听着,我们奉命搜捕逃犯张俭。你们最好乖乖地把他交出来,不然,我们就不客气了!"衙门派出的

差役非常嚣张,眼看就要冲进大门了。

孔融和孔褒此时正在厅堂里聊天,听到差役的喊叫声,都明白事情已经泄露,这一天终于到来了。

孔褒站起身来,面色平静,他缓缓地对孔融说:"我先去前面稳住他们,你赶紧通知张俭离开。"

"不行,这样太危险了。我去前面,你带着张大哥逃吧!"孔融反驳道。

"现在都什么时候了,你还和我争!动作快,不然就来不及了。"孔褒心急地把话说完,转身就往前院走。

孔融只好赶紧去找张俭。张俭也听

到了嘈杂声,正不知如何是好。看见孔融跑了过来,便慌忙地询问道:"外面的情况怎么样了?"

"我大哥去应付了,他让我叫您赶紧离开这里。"孔融把手里的包袱递给张俭,"这是衣服和干粮,还有一些银两,够您用些日子了,您快走吧!"

"可是，我怎么能在这个时候不顾你们的安危，独自逃跑呢？我如果这样做就太自私了，是我拖累了你们。不如我出去向官差说明，免得他们为难你们兄弟俩。"张俭依然有些犹豫。

"张大哥，您怎么这么糊涂。您走了，衙门里的人就找不到证据，也不能把我们怎么样的；要是您在我们府里被发现了，不仅您被抓，我们兄弟，我们全府上上下下都会被连累的。您赶快离开吧！"孔融焦急地说。

"那……多谢你们这些日子的照顾。若今生不能报答你们，我来世再报。"

张俭一说完，忍着泪水，夺门而出，再次开始了他亡命天涯的旅程。

孔融见张俭从后门离开了，就赶紧

一门争死

跑到前院去,听见大哥正大声地训斥着差役说:"这里可是孔府啊,是你们想搜就能搜的地方吗?"

捕快听了一点儿也不慌张,反而轻蔑地说:"有人通报,说看见你们府里窝藏了通缉犯张俭,我们也是为朝廷办差,请你们不要阻拦。"

"大哥。"孔融不慌不忙地走上前去,向孔褒使了个眼色,"既然他们是为朝廷办差,那就让他们搜吧,我们也没什么好怕的。"

听孔融这么一说,差役们就开始在孔府进行

搜查了。他们两人成一组,分别搜查不同的地方。

"报告大人,没有发现什么。"

"禀告大人,什么也没有找到。"

一队队人马均空手而归,向带队的官员汇报着。

孔家两兄弟暗暗地松了一口气。然而,最后两个差役的回报却令他们大惊失色。

其中一个差役首先开口说道:"大人,我在西厢房发现一件外衣,领口的地方绣有一个'俭'字。"他高高举起

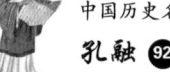

手中那件破破烂烂的衣服，向周围的人展示着。

另一个差役则向领队的官员呈上几张写满字的纸，说："这也是在西厢房里发现的，上面写的全是一些反对侯览大人的话。"

官员看了看文章，看了看衣服，又再看了看孔氏兄弟，说："看来你们刚才在前院百般阻拦，是要争取时间把张俭放走。来呀，把他们两个都给我带走，我要好好地审问审问。铁证如山，看你们还有什么话好说。"

孔氏兄弟相对看了一眼，不由得苦笑起来。孔融悔恨交加，暗暗责备自己：怎么这么不小心呢？张俭走后我就急着来到前院，竟忘了把张俭的房间检查一下。由于我的疏忽拖累了大哥,太不应该了。

就这样,张俭虽然成功逃脱,但是孔氏兄弟却双双被拘捕了。

第二天,郡县的长官就升堂审理孔氏兄弟的案子。

"你们好大胆子,竟然敢窝藏朝廷要捉拿的逃犯。如今证据确凿,你们还有什么话说?"

孔融知道如今大势已去,决定坦然承认自己的所作所为,主动承担全部的责任。"张俭来的时候,我尊敬他是个英雄,自作主张把他藏在家里。我对我自己做的事并不后悔,我愿意承担一切罪责。当时,我大哥不在家,这事和他没有关系。"

孔褒见弟弟要承担全部罪过,赶忙说:"张俭是我的朋友,他是来投奔我的,与我弟弟无关。我弟弟年纪小,他什么都不懂,你们要杀就杀我吧!"

审案的官员无奈,无法决定该判谁的罪,就请来他们的母亲。

"夫人,您两个儿子都承认他们有罪,我希望您能告诉我们实情,到底这个窝藏逃犯的大罪应该由谁来领受?"

孔母坦然说道:"我是他们的母亲,他们犯罪是我没有好好管教,我应该为他们的行为负责,甘愿领受责罚。"

于是,为了救一个张俭,孔家出现"一门争死"(一家人个

个争着要去死）的局面。孔家人侠肝义胆的作为，感动了很多人，在当地造成很大的影响。当地的官员感到此案难以决断，不知道该如何处理。

如果处理不好就会失去民心，引起百姓的不满。而这个案子又不能无限期地拖延下去，总是要有个结论的。因此，他们只好将此事上报朝廷，请皇帝来裁决。

在一个满天飞雪的日子，朝廷的诏书来了。宣布最后的判决是：孔褒有罪，由孔褒承担全部的责任，孔融无罪释放。

那天，孔融与大哥诀别，走出了牢门。他站在雪地中，感觉自己仿佛一下子长大成人了。从今以后，他就要代替哥哥照顾家里的老少了，他要尽自己所

一门争死

能保护家人的平安。

经过此事,孔融名声大振。提到孔融,人们都会对这个嫉恶扬善、至仁至义的少年竖起大拇指。

激怒曹操

孔融成名后,一直在家隐居,从事读书和写作,直到汉灵帝光和三年(公元180年),才开始他的为官生涯。

孔融为官刚正不阿,就像张俭那样,弹劾了不少贪官,其中很多是宦官和他们的亲属。后来,他又当了中军侯、虎贲中郎将等官职。

汉灵帝中平六年(公元189年),董卓引兵攻入洛阳,赶走袁绍,杀了太后和小皇帝,立了汉献帝。

孔融自幼就学习儒家思想,将君臣之义、尊卑之序都牢记在胸。他不能容忍董卓操纵朝廷、废立皇帝的行为,因此,他的言论总是和董卓的意见相左,令董卓大为恼火。

当时,黄巾起义军重起战事,矛头直指北海(今山东昌乐以西)。于是董卓就暗示有关部门,调孔融为北海相。

孔融到任之后,加固城防,设立学馆,鼓励人们学习儒家思想。然而,身为一个文人,孔融对于抵御黄巾军的进攻却毫无办法。

孔融在北海六年,虽怀抱很大的志向,但是由于战争的原因,他并没有做出值得称道的成果。

时值汉献帝建安元年(公元196年),孔融四十四岁。这一年秋天,孔融出任将作大匠（掌管宫室、宗庙、陵寝及其他土木营建的官职）。

当时在朝中掌握大权的是曹操，在致力于使汉朝从动乱趋向稳定的过程中，他显现了出色的军政才能。孔融虽然对曹操十分佩服，但是，他又看不起曹操出身于宦官家庭的背景，对曹操

控制天子、独揽朝政的做法更是不能认同。

一年之后,孔融任少府(掌管宫中财务和生活事务的官职),因与曹操的政见不一,多次惹怒曹操。

建安四年(公元199年)时,朝廷中有人建议恢复肉刑。孔融听到此事,非常愤慨,他写了一篇名为《肉刑议》的文章,表达他反对恢复肉刑的看法。

他认为,肉刑是一种"无道"的表现。而被施以肉刑的人,要么羞愧难当,没有脸面活下去;要么自甘堕落,在邪路上越走越远。而且,肉刑若使用不当,还会误伤贤良的大臣,如军事家孙膑和史学家司马迁,都受过肉刑。实施肉刑不会给朝廷带来任何好处。

孔融的文章说理清楚明白,充满感性,很有气势。他的意见得到朝廷的重视,终于没有采纳恢复肉刑的建议。

在建安初年,曹操曾经颁布过一道禁酒令。他在禁令中解释说,酿酒浪费粮食,可能导致亡国,所以才下令禁酒。

孔融就此写信反驳说:禁酒是不得人心的。因为酒对人的好处由

来已久，而且这好处直接关系到社稷的兴盛与国家的稳定。孔融还列举了大量事例，说明酒对社稷的作用，从尧舜一直说到汉高祖。最后得出结论：酒对于朝廷政事只有好处，没有坏处，治国安邦不能没有酒。

孔融的信言辞激烈，语气轻慢，使曹操十分尴尬。孔融曾经形容自己家里"座上客常满，樽中酒不空"，意思是说，他家里天天都有客人，每天都有酒给他们喝。

建安九年（公元204年），曹操攻下了邺城，曹操的儿子曹丕趁机抢了袁熙（袁绍的儿子）的夫人甄氏为妾。

孔融知道此事后，就上书讥讽曹操说：曹操因为灾荒缺粮，因而下令禁酒，

激怒曹操

认为酒妨碍国政，酒可以亡国。而今，曹操的儿子却抢夺别人的夫人。可是，历史上也有许多因女人而亡国的故事，为什么不禁婚姻呢？

孔融讽刺的话语，自然引起了曹操的强烈不满。但由于孔融当时已经是天下闻名的人物，曹操不敢轻易处置他，怕引起他人的议论，妨碍自己的统一大业。于是曹操表面上假装对孔融宽容大度，暗地里却示意与孔融有仇怨的郗虑弹劾孔融。

于是，孔融被借故免职，闲居在家。

孔融在家中赋闲时，曹操曾经写信给他，希望他不要记恨郗虑，要他与郗虑友好相处。曹操的真实目的是暗示孔融要依附自己，同时对孔融的行为提出

告诫。

面对曹操的威胁,孔融一点儿也不害怕,不光说自己喜欢赋闲在家,还劝勉曹操,要做对朝政有益的事情。

后来,考虑到孔融的威望,曹操没有办法,还是重新任用孔融。

建安十三年(公元208年),孔融五十六岁,复官为太中大夫。

谁料到,几个月之后,孔融直率的

性格以及对汉献帝的忠诚，却使他丢了性命。

孔融平日喜爱结交朋友，每天总有很多宾客来拜访他。他和宾客们在一起，免不了要谈论朝中大事，这自然就招来了曹操的猜忌。

曹操虽然敬佩孔融的学问和才干，但孔融的名气、见识和谋略，却使野心勃勃的曹操感到担忧。他担心孔融在朝中的影响力太大会威胁到他。

在曹操眼里，孔融已是眼中钉、肉中刺。为了消除隐患，曹操决心除掉孔融。

这一年夏天，曹操的军队被诸葛亮打败了。曹操十分生气，决定亲自率兵去攻打刘表和刘备。孔融听到了消息，就在上朝时说："我们师出无名，这样打仗不但会失败，而且还会失去天下民心。"

曹操忍无可忍，大声呵斥道："我早就有想法要征服他们。今天谁反对我出兵，我就斩了谁！"曹操非常愤怒地把战败的怒火都发泄出来。

孔融见此情景，知道自己再说什么都没有用了。

那天傍晚，孔融出门散步，想摆脱连日来的烦闷。然而夏日闷热的天气让孔融更加烦躁。风吹着云，云赶着风，却驱赶不走孔融心头的闷气。

孔融来到一棵老树下站住，他抚摸着树干，看着树叶。树还是一样的树，树叶也还是一样的树叶，都没有改变，怎么千古不变的道理，到如

今竟行不通了呢？刘备是当今天子的叔叔，以不义之师去攻打他怎么可能不失败呢？

孔融想着想着，仰天长叹道："没道理的（指曹操）去打有道理的（指刘备），这不是自寻失败吗？发动这样的战争简直是不仁不义！"

孔融陷入了沉思，他没有注意到一个可疑的身影从街角一闪而过。这个人匆忙跑进了郗虑的府邸，直奔书房，低声对郗虑说："报告大人，我刚才在街道上听到孔融这

么说……"

原来这个人是郗虑的一个食客，他把孔融的话一字不漏地告诉了郗虑。

郗虑听了，得意地大笑起来："好呀，孔融，你平日看不起我，处处与我作对，今日终于让我抓到你的把柄了。你的死期到了！"

郗虑话一说完，就连忙进了丞相府，拜见曹操。

"禀报丞相，我一个门人看见孔融在街上公然辱骂您，说您做事不仁不义。当时，街上好多人都听见了。"郗虑添油加醋地说。

曹操听了，果然非常生气，"我早就知道孔融不会臣服于我，没想到，我处处让着他，他却得寸进尺，居然敢在

激怒曹操

大庭广众之下侮辱我。我看不给他一点教训是不行了。"

"是啊,不处置他,他会继续造谣生事,煽动更多的人对您产生不满。我听说,当初祢衡(东汉末年的名士,与孔融交好)当众辱骂您,就是孔融指使的。很明显,他根本没把您放在眼里。"郗虑进一步火上浇油。

曹操暗自盘算:我当初对孔融以礼相待,只是碍于他的身份和影响力。如今,他的存在已经明显有碍我的大事、我的声誉,不如趁此机会除掉他。

曹操不露声色地看着郗虑,心想:这个人一向与孔融不和,不如我就利用他杀掉孔融,将来百姓议论起来,我也有个替罪羊。

曹操狡诈地说道:"郗虑呀,这件事就交给你办。你去找一找孔融的罪证,要判他的罪需有证据,不能落人口实。"

"是!"郗虑听曹操这么一说,心里得意。他并不知道曹操只不过是利用他,避开众人的谴责罢了。

覆巢无完卵

孔融的刚正不阿、敢做敢言，终于把曹操给激怒了，为自己和全家都惹来了杀身之祸。

郗虑回家之后，便挖空心思编造了孔融的几条"罪状"：孔融诽谤朝廷；在北海任职之时私自招揽军队，企图造反；行为放荡不羁，经常口出狂言，不遵从朝廷礼仪，败坏伦理道德，构成不孝重罪。最终得出的结论竟是：孔融大逆不道，应该判处满门抄斩。

郗虑把孔融的这些"罪行"写成状子，而曹操就以这些"莫须有"的罪名将孔融逮捕了。

孔融静静坐在牢里，透过墙上的小窗遥望着天空。天色灰蒙蒙的，看不到一点儿清新的颜色,看不到一点儿生的希望。

这并不是他第一次坐牢,但是他知道,这一次他再也出不去了。没想到自己一生光明磊落,到头来却被小人诬陷,含冤而死。

天上的太阳被乌云遮住了,而曹操就像这乌云一样,控制了整个朝廷,天下已经没有公道可言。孔融对汉室的未来感到深深的绝望。

"孔大人,有好消息呀!"牢头跑了过来,他很同情孔融的遭遇,也十分敬佩孔融的

勇敢。

"您的很多朋友已经知道您出事了，他们都十分愤慨，正打算去找曹丞相理论呢！"牢头满心以为孔融知道这个消息会很高兴。

没想到，孔融却长叹一声，说："他们这么做非但帮不了我，反而更令曹操把我看成是他的威胁。他肯定就要对我下毒手了。现在我唯一的希望，就是期望他能够放过我的孩子。"

一想到自己的一双儿女，孔融的心里非常难过，那是他的心肝宝贝啊！

孔融的儿子已经九岁了，而他的女儿才七岁。两个孩子不仅乖巧、聪明伶俐，而且承袭了孔融坚强、勇敢的好品德。

孔融想到孩子们和自己学下围棋的情景,忍不住老泪纵横。孩子们是他的希望,是他的骄傲呀!在孔融心里,只要能保全孩子的性命,即使让他现在去死,他都愿意。

孔融不知道，此时此刻，他的家里已经乱作一团。由于孔融的夫人早逝，两个孩子还小，全家上下竟然没有一个能做主的人。

家里的奴仆们个个惊恐万状，都害怕被牵连，争先恐后地逃离了孔家。不一会儿，昔日热闹的孔府沉寂了下来，只听见外面的知了还在不停地叫着，仿佛在告诉人们这里发生了大事。

只有一个忠心耿耿的老仆人没有走。他以为主人的两个孩子

还小,不懂事,不知道自己已经大祸临头了。他要保护小主人,要带着他们逃离京城,回老家去。

老仆人走进后院的时候,孔融的两个孩子还安静地坐在那里下棋,仿佛对外面发生的事情一无所知。

他赶紧走上前去说道:"咱们家里发生了点事儿,老爷让我带着少爷和小姐赶快离开这里,回老家去。"

两个孩子看了看他,孔融的儿子先开口说道:"您不用瞒我们了,我们已经知道父亲被捕,而家里

的奴仆们也都跑了。现在这个家里,恐怕就剩下您和我们两兄妹了。"

老仆人一听马上"扑通"一声跪在地上说:"既然你们都清楚,那我就不多说了。现在情况危急,请少爷、小姐马上跟我走,赶紧离开这里。"

没想到,这两个孩子竟然摇了摇头,不慌不忙地说:"哪有鸟窝被捣毁了,里头的鸟蛋却能够保存下来的道理呢?家都抄了,父亲就要被处死了,我们又怎么可能幸免呢?我们是跑不掉的,您还是自己离开这个是非之地吧!"

正说着,曹操的侍卫就冲了进来。兄妹俩被押到了曹操的面前。曹操一时不知道该如何处置这两个孩子,他命人将他们关了起来。

覆巢无完卵

曹操的心里十分矛盾，如果把他们兄妹杀了，人们一定会指责他做事太残忍。可是，如果放了他们，又害怕他们长大成人后为父亲报仇。到底该怎样处置呢？

曹操决定先试探一下他们俩的胆量，他命人端来两碗肉汤，对孔氏兄

妹说:"我知道你们两个今天又惊又怕,吃了不少的苦头,来,先吃点东西吧!"

孔融的儿子看看香喷喷的肉汤,实在是饿得忍不住了,不禁伸出手去。

但是,他却被妹妹拦住了。她严厉又悲伤地对哥哥说:"今天我们就要大祸临头,不可能再活下去了,你又何必在乎是否多吃这一碗肉汤呢?更何况,这还是杀父仇人给的东西!"说到这儿,兄妹两个人抱头痛哭起来。

曹操见这兄妹俩毫无惧色,暗自寻思:如果我留下他们,日后必然成为我曹家的心腹大患。于是,曹操下令处死孔氏兄妹。

到了行刑那一天,妹妹对哥哥说:

"如果人死后还有灵魂的话,我们就可以和父母亲见面了,这不是更好吗?"

说完,兄妹俩从容而平静地等着铡刀落下。

在场的人都很同情他们,为他们感

到难过。可怜无辜的兄妹俩,就这样被杀害了。

同一天,孔融也被处死了,时年五十六岁。孔融死后,曹操的气却没消,他下了一道命令:不许任何人为孔融收尸。

但是,有一个叫脂习的人偏偏不在乎曹操的命令。他是孔融的好友,常劝孔融为人不要过于刚直,以免得罪当权者,为自己招来不幸。

当他听到孔融被杀害的消息时,哀痛欲绝。脂习走到孔融行刑的地方,看着孔融的尸体,想着以前他们在一起吟诗作画、饮酒品茶的日子,一时间悲痛异常,号啕大哭起来。

他伏在孔融的尸体上,说:"你已

经离开我先死了,那我活着还有什么意思呢?"

曹操听说这件事后,十分愤怒,就下令把脂习抓进大牢。后来,脂习遇到大赦被释放了,他对朋友肝胆相照的故事，却一直在民间广泛流传着。

孔融虽然死了，但他不畏权贵、仗义执言，而又谦虚礼让的品格和渊博的学识，赢得了人们的尊敬与怀念。连曹操的儿子曹丕也不得不承认，孔融确实是个不平凡的人。

后来，曹丕花重金收集孔融散落在民间的文章，一共得到了二十五篇。

孔融因为文章出色而名列"建安七子"之中。他的文章有的是宣扬仁政主张；有的是向朝廷推荐有才能的人；不少文章的矛头则直指当时的朝

政弊端。

  他的文章广泛引用古今之历史典故，进行精妙的比喻，言词激烈，气势宏大。也许孔融并不是出色的政治家，但是，他在中国文学史上的地位却是不可忽视的。

图书在版编目（CIP）数据

孔融 / 张玮著；景军山图. — 长沙：湖南少年儿童出版社，2021.7
（中国历史名人传·少年英雄）
ISBN 978-7-5562-4782-0

Ⅰ. ①孔… Ⅱ. ①张… ②景… Ⅲ. ①孔融（153-208）-传记-少儿读物 Ⅳ. ①K825.6-49

中国版本图书馆CIP数据核字(2021)第206006号

本书由台湾企鹅创意出版有限公司正式授权，经由凯琳国际文化代理授权湖南少年儿童出版社有限责任公司中文简体字版本。非经书面同意，不得以任何形式任意重制、转载。

孔融 KONG RONG

策划编辑：聂　欣
责任编辑：石　林
装帧设计：嘉伟文化
质量总监：阳　梅

出 版 人：刘星保
出版发行：湖南少年儿童出版社
地　　址：湖南省长沙市晚报大道89号　　**邮　编**：410016
电　　话：0731-82196340（销售部）82196313（总编室）
传　　真：0731-82199308（销售部）82196330（综合管理部）

常年法律顾问：湖南崇民律师事务所　　柳成柱律师
印　　制：长沙新湘诚印刷有限公司
书　　号：ISBN 978-7-5562-4782-0
开　　本：889mm×1194mm　1/32
印　　张：4.25
版　　次：2021年7月第1版
印　　次：2021年7月第1次印刷
定　　价：28.00元

版权所有　侵权必究